Witze zum Schmunzeln und Totlachen für Erwachsene

Trebron Silrük

Herstellung und Verlag: BoD- Books on Demand, Norderstedt

Ein Einäugiger spielt in einem Saloon in Texas Klavier. Eine wild um sich schießende Gruppe von Cowboys stürmt in den Saloon, wobei eine Kugel genau das gesunde Auge des Klavierspielers trifft. Er darauf: „ Richtig Jungs, zuerst auf die Lampen „

Ein Wanderer zu einem Bauern: „ Eine Frage, rauchen Ihre Kühe ? "   Bauer:

„ Nein „ Wanderer: „ Oh, dann brennt Ihr Stall „

Ein Mann und eine Frau sitzen zusammen im Restaurant.

Plötzlich bekleckert sich die Frau und sagt: "Jetzt sehe ich ja aus wie ein Schwein!"

Darauf der Mann: "Und bekleckert bist du auch noch!!!"

Auf dem Markt. Sie: „ Ich hätte gerne 2 Pfund Bananen. „ Darauf der Verkäufer: „ Das heißt aber jetzt Kilo „. Sie: „ Ach , nicht mehr Bananen.? „

Die Frau zu ihrem Mann: „Hier in der Zeitung steht, dass die die Polizei einen Mann sucht, der im Stadtpark Frauen belästigt. Er: „Ach das wäre doch was für mich.“

Letzte Worte des Leichtathletik-Trainers:

"Alle Speere zu mir."

Er zu seinem Freund: „ Meine Frau ist ein Engel. „ Der Freund: „ Was hast du für ein Glück, meine lebt noch. „

Gott hat den Frauen das Gebären gegeben, damit sie sehen können, wie hart es ist, wenn ein Mann erkältet ist.

„Mit diesem Minirock werde ich dich kein Stück auf die Straße lassen, mein Kind „

Kind: " Ach Mama, warum denn nicht? Guck mal, ich habe doch so hübsche Beine."

Mutter: „ Dein Sack hängt unten raus."

Sie: "Mein süßer Liebling, mein Bester, mein Schatzi.."

Er: "Ja, was ist denn, Liebes?"

Sie: "Halt die Fresse, ich rede mit dem Hund!"

Er: "Ich möchte dich zur glücklichsten Frau der Welt machen."

Sie: "Ich werde dich vermissen."

Sie: „ Ich habe im vergangenen Jahr 80 kg verloren. „ Die beste Freundin:

„ Wie hast du das denn gemacht „ ?

Sie: „ Ich habe mich von meinem Mann getrennt. „

Nachricht an den Typen, der mir meine Winterjacke gestohlen hat: „ Du kannst dich warm anziehen "

Frau: „ Du Schatz, mit der neuen Brille gefällst du mir aber gar nicht „.

Er: „Aber ich habe doch keine Brille auf ".

-

Sie: „ Ja, aber ich ".

„Wie war eigentlich früher die Stimmung in der DDR"

„Sie hielt sich in Grenzen."

Zwei Fliegen sitzen auf einem Hundehaufen.

Fragt die eine die andere: "Soll ich dir einen guten Witz erzählen?"

Darauf die andere Fliege: "Aber bitte nichts ekliges! Ich esse gerade!"

„Ägyptisch, oder ich schieße".

„Ich kann leider kein Ägyptisch".

„Ägyptisch jetzt sofort".

(Eine Sachse bei der Polizeiausbildung)

„Ach Papa, ich habe dich ja soooo lieb".

„ Ohne Gentest, bin ich immer noch Dieter für dich ".

"Haben sie Angst vor Asiaten?"

"Ja panisch."

Was haben Windeln und Politiker gemeinsam?

Beide sollten regelmäßig gewechselt werden und zwar aus denselben Gründen.

"Ist das Insektenspray gut für Ameisen?"

"Nein, es tötet sie."

„ Herr Doktor ich kann kein Blut sehen „

Doktor: „ Warum nicht" ?

 Patient: „ Ich bin blind „

Ein Ehepaar fährt an einer Weide vorbei auf der sich ein paar Schweine in einer Suhle tummeln.

Er zu Ihr: „ Sieh mal deine Familie „

Daraufhin Sie: „ Ja, Schwiegereltern und Schwäger „

Der Rennpferde-Besitzer zu seinem Jockey:

 „ Sag mal, du reitest nun schon 6 Jahre meine Pferde; willst du nicht auch mal ein Rennen gewinnen"? Jockey: „ Gerne, aber ich muss ja immer beim Pferd bleiben."

Eine Freundin zur anderen: "Ich hatte mein erstes Mal mit sechzehn."

Darauf die Freundin: "Ich nur mit einem."

Zwei Freundinnen unterhalten sich:

"Gestern bin ich endlich mal wieder nach allen Regeln der Kunst vernascht worden."

"Interessant, von wem denn?"

"Das sage ich niemandem und schon gar nicht seiner Frau!"

Mann und Frau im Bett.

Sie: „Wär das schön, wenn du jetzt geil wärst."

Er: „Wär das geil, wenn du jetzt schön wärst."

Eine Frau möchte einen Mann finden. Sie schreibt eine Kontaktanzeige: „Ich bin auf der Suche nach einem Mann, der mich nicht schlägt, der nicht wegrennt und der meine intimsten Wünsche erfüllt.

Eine Woche später hört die Frau ein sehr lautes Klopfen an der Tür. Sie öffnet und vor ihr ist ein Mann ohne Arme und ohne Beine. Er sagt "Ich werde dich nicht schlagen, ich habe keine Arme. Ich laufe auch nicht weg, ich habe keine Beine.

Sie antwortet: "Und was ist mit meinen intimsten Wünschen?"

Daraufhin er: „Hast du nicht mein Klopfen gehört"

Mama ich bin doch jetzt schon 14, bekomme ich endlich einen BH!!

NEIN HANS!!

Geht ein Staubsaugervertreter auf den Bauernhof. Er schüttet einen Sack Staub aus und sagt: "Alles was mein Staubsauger nicht aufsaugt, esse ich. Daraufhin die Bäuerin: "Ich hole Ihnen einen Löffel, wir haben nämlich gerade keinen Strom."

Ein Seemann zum Schiffskapitän: "Wir haben einen blinden Passagier, was sollen wir mit ihm machen?"

Kapitän: „Schmeißen Sie ihn über Board. „

Nach 12 Minuten kommt der Seemann zurück und sagt zum Kapitän: „So das habe ich erledigt. Aber was soll ich jetzt mit dem Blindenhund machen?"

Ein Mann bestellt in der Kneipe jeden Abend drei Bier. Die Bedienung fragt ihn, was das bedeutet. „Ein Bier ist für mich, eins für meinen Bruder in Amerika und eins für meinen Bruder in Australien." Eines Abends bestellt er nur noch zwei Bier. Die Bedienung fragt besorgt, ob was mit einem seiner Brüder passiert sei. „Nein, aber ich habe das Trinken aufgegeben."

Warum darf sich die Dame beim Schach überall hinbewegen?

Weil das Brett wie ein Küchenboden aussieht.

Wo ist eigentlich der nervige Nachbar geblieben, von dem du mir erzählt hast. Ich sehe ihn gar nicht mehr."

– „Der ist im Garten"

– „Wo den?"

– „Also man muss schon ein bisschen graben."

„Ich bin jetzt in einem Alter, in dem dir der Körper am nächsten Tag ganz leise ins Ohr flüstert: mach das nie, nie wieder."

Da lernt man Dreisatz und Wahrscheinlichkeitsrechnung und steht trotzdem grübelnd vor dem Backofen, welche der vier Schienen nun die Mittlere ist.

Eine Nonne macht Autostopp. Nach einiger Zeit bleibt ein LKW-Fahrer stehen und nimmt sie mit. Unterwegs versucht er etwas Smalltalk: "Wie heißen Sie?" Nonne: "Schwester Katharina, und Sie?" LKW-Fahrer: "Ich heiße so, wie das, was sie am liebsten zwischen den Fingern haben!" Die Nonne hüllt sich bis zum Aussteigen in Schweigen. Beim Aussteigen sagt sie dann: "Auf Wiedersehen, Herr Kitzler." Der Fahrer: "Mein Name ist aber Rosenkranz."

Warum machen Männer keine Wäsche?

Weil die Waschmaschine und der Trockner nicht mit der Fernbedienung funktioniert.

Wie nennt man eine Frau, die wie ein Mann arbeitet?

Faules Weib.

Warum hat Gott zuerst den Mann erschaffen?

Er brauchte einen groben Entwurf.

Frau Weber liest in einem Gedichtband. Auf einmal ruft sie: "Du, Theo, stell Dir vor, hier hat doch tatsächlich ein gewisser Rilke das

Gedicht abgeschrieben, das Du vor dreißig Jahren eigens für mich geschrieben hast!"

Woher hast du das blaue Auge? Ach, als wir gestern bei Tisch "...und erlöse uns von dem Übel!" gebetet haben, hab' ich zufällig meine Schwiegermutter angeguckt...

Eine Frau wird zu Grabe getragen, der Trauerzug ist mehrere hundert Meter lang. Ein Fremder sieht das und wundert sich über die rege Anteilnahme. Er fragt den(jetzt) Witwer, was denn passiert sei. Dieser erzählt ihm, dass seine Frau von seinem eigenen Hund totgebissen wurde. Der Fremde fragt ihn, ob er ihm vielleicht den Hund verkaufen würde. Darauf antwortet der Witwer: "Sie sehen doch, wo das Ende der Schlange ist..."

Paula: "Nein Hans! Ich will erst nach der Heirat mit Dir schlafen..." Hans: "Nun, dann ruf' mich an, wenn Du geheiratet hast..."

"Papa, geh doch mit mir mal in den Zirkus", bettelt der Knirps. "Keine Zeit!" "Aber", sagt der Knirps gedehnt, "da soll eine nackte Tante auf einem Pferd reiten." "Na gut", meint der Vater aus dem Sessel. "Ich habe schon lange kein Pferd mehr gesehen..."

Die schüchternen Brautleute gehen ins Schlafzimmer, drehen einander den Rücken zu, ziehen sich aus. Sie nimmt ihr mit Rüschen besetztes Nachthemd aus dem Koffer und murmelt: "Kurz, rosa und faltig." Dreht sich der Bräutigam um und sagt: "Du hast geguckt..."

An der Kinokasse steht ein Schild: Soldaten heute nur 3,-€. Kommt eine Omi und verlangt: "Eine Kinokarte und zwei stramme Soldaten bitte."

Warum nehmen Blondinen die Antibabypille?- Damit sie wissen, welcher Wochentag ist

Sagt ein Mann zu Hause, dass er zum Arzt eine Urin-, Stuhl- und Sperma-Probemitbringen muss. Darauf seine Frau: "Schatz, nimm doch deine braune Cordhose."

Was ist der Unterschied zwischen einer Katze und einem Mann? Das eine ist ein verlauster Vielfraß, dem es egal ist, wer ihm das Futtergibt; das andere ist ein Haustier.

Warum klopfen Hebammen Neugeborenen auf den Po? Bei den intelligenten fällt der Schwanz ab.

In der Buchhandlung: Mann: Ich suche das Buch "Der Mann, das starke Geschlecht" Verkäuferin: "Schauen Sie mal hinten links, in der Märchenabteilung..."

Wann ist ein Mann 1 Euro wert? Wenn die Eierpreise auf 50 Cent steigen!

Sagt der Ehemann zu einer Blondine: Wenn du richtig kochen und putzen könntest, bräuchten wir keine Haushälterin! Sagt die Blondine: Und wir bräuchten keinen Gärtner, wenn du abends nicht immer so müde wärst!

Wie nennt man einen Mann, der 90 % seiner Denkfähigkeit verloren hat? Einen Witwer.

Kohl berichtet von seinem Urlaub: "Das Wellenreiten hat überhaupt keinen Spaß gemacht." "Wieso, keine Wellen?" "Doch, aber das Pferd wollte nicht ins Wasser."

An der Tafel steht: "Und ich hab doch den Größten!!!" Die Lehrerin hat die Schrift von Fritzchen erkannt und sagt nur mühsam beherrscht: "Junger Mann, du kommst nach dem Unterricht mal zu mir." Fritzchen dreht sich zu den anderen um und grinst: "Sehr ihr, Werbung ist alles...!"

Klein-Fritzchen, gerade mal vier Jahre alt, ist unterwegs zum Dachboden. Dort angekommen, sieht er den Laufstall, in dem er einen Teil seiner Baby Zeit zugebracht hat. Er stürmt ins untere Stockwerk Richtung Küche und ruft: "Mami, wir kriegen bald eine neues Baby!" Mutti ganz erstaunt: "Wie kommst Du denn darauf?" Fritzchen: "Na, die Falle ist doch schon aufgestellt...“

"Also", sagt der Boxtrainer in der Pause zum Boxer. "Du musst dir schon darüber klar werden was du willst. Entweder den Friedensnobelpreis oder die Kreismeisterschaft im Schwergewicht. Beides geht nicht!"

Jesus geht durch Nazareth. Da sieht er eine Menschenmenge, die geradeeinen Sündiger steinigen will. Er stellt sich schützend vor ihn hin und ruft mit Donnerstimme: "Wer von euch ohne Sünde ist, der werfe den ersten Stein!" Da kommt aus der Menge ein Stein geflogen, der ihn am Kopf trifft. Jesus blickt den Werfer an und meint: "Also Mutter, manchmal gehst du mir ziemlich auf die Nerven!"

Dem Pfarrer werden andauernd aus dem Obstgarten Früchte gestohlen. Er stellt ein Schild auf: "GOTT sieht alles!" Am nächsten Tag steht darunter: "Aber er petzt nicht."

Plötzlich rutscht der Bergsteiger aus und kann sich gerade noch an einem winzigen Felsvorsprung festhalten. Als seine Kräfte nachlassen, blickt er verzweifelt zum Himmel und fragt: "Ist da jemand?" "Ja." "Was soll ich tun?" "Sprich ein Gebet und lass los." Der Bergsteiger nach kurzem Überlegen: "Ist da noch jemand?"

Im Dorfteich planschen nackt ein katholischer Junge und ein protestantisches Mädchen. Beim Abtrocknen sagt der Junge: "Da sieht man mal, was euch Protestanten so alles fehlt."

Herr Hauptmann, der Gefreite Schneider ist ohne Fallschirm abgesprungen." "Was, schon wieder?!"

Beim Formaldienst(Marschieren): Abstand zum Vordermann genau 80 cm, 81 cm ist Fahnenflüchtig, 79 cm ist schwul.

Kommt ein Mann zum Arzt. Der Doktor sagt ihm, er habe eine schwere, ansteckende Krankheit. Zur Behandlung werde er Moorbäder verordnen. Hoffnungsvoll fragt der Patient, ob es ihm davon besser ginge? "Das nicht - aber Sie gewöhnen sich schon 'mal an die feuchte Erde."

"Elke", fragt der Lehrer, "nehmen wir an, deine Mutter kauft sich ein Paar Schuhe für 260 DM, dein Bruder ein Paar für 160 DM und du ein Paar für 82 DM. Was gibt das?" - "Krach mit Papa!"

Hans kommt zufrieden aus der Schule: "Wir haben heute Sprengstoff hergestellt!" "Und was macht ihr morgen in der Schule?" "Welche Schule?"

Die Kinder sollen als Hausaufgabe einen Vogel malen. Hein hat das recht ordentlich hingekriegt, nur ist sein Bild nicht ganz vollständig geworden. Fragt die Lehrerin: "Sag mal Hein, Dein Vogel hat ja weder Beine noch Schwanz! Warum jenes?" Da fängt der Kleine zu heulen an: "Als ich meine Mama fragte, wo man bei Vögeln die Beine hinmacht, hat sie mir eine geknallt. Da wollte ich nach dem Schwanz gar nicht erst fragen."

Eine Gemeindeschwester kommt zu einer kinderreichen Familie. Als zwischen dem zahlreichen Nachwuchs auch noch eine Ente herum watschelt, fragt sie mitleidig: "Auch noch eine Ente in dem kleinen Zimmer?" "Det is keene Ente", meint ein Sprössling, "det is der Klapperstorch - der hat sich bei uns de Beene abjeloofen."

"Aber Junge, wo warst du denn die ganze Zeit?" "Ich habe Briefträger gespielt und den ganzen Häuserblock mit Post versorgt." "Ach so ... ja, aber? Woher hattest du denn die vielen Briefe?" "Aus deinem Nachttisch ... die mit den rosa Schleifen...“

Der stolze Vater prahlt beim Kaffee, wie toll sein einjähriger Sohn schon sprechen kann. "Bubi, sag' mal Rhinozeros!" Der Kleine kommt zum Tisch gekrabbelt, zieht sich an der Tischkante hoch, schaut skeptisch in die Runde und fragt: "Zu wem?"

Auf einer Party sitzt ein älterer Herr einer tief dekolletierten Dame gegenüber, die um den Hals eine Kette mit einem Flugzeug trägt. Er schaut sie wohlgefällig an. "Gefällt Ihnen mein kleines Flugzeug?" fragt sie. "Ach, das habe ich noch gar nicht gesehen. Ich bewundere gerade den Flugplatz."

Der junge Mann tanzt engumschlungen mit seiner neuen Freundin. "Die Freundschaft zwischen uns festigt sich langsam", sagt er zu dem Mädchen. "Ja, ich fühle es", erwidert da das schöne Kind.

Erstaunt fragt Evelyn ihre Freundin auf der Party: "Warum hast du dem netten Fußballspieler eben eine Ohrfeige gegeben?" "Wegen Regelverstoß!" "Was hat er denn gemacht?" "Handspiel im Strafraum!"

Der eine Gast auf einer Party sagt zum anderen: "Meine Frau und ich waren 20 Jahre die glücklichsten Menschen." "Und was ist dann passiert?" "Wir haben uns kennengelernt!"

Conny kommt von ihrer ersten Party nach Hause. Fragt die Mutter: "Na, Kind, warst Du auch artig?" "Oh ja, Mami, wenn ich den Worten von Sven glauben darf, war ich sogar großartig!"

Auf der Party vermisst die Dame des Hauses plötzlich ihr Töchterchen. Sie findet die 15 jährige im Wintergarten auf dem Schoß eines jungen Mannes. "Sofort stehst du auf!" ruft sie entrüstet. "Nein", antwortet die Kleine trotzig, "ich war zuerst da, Mama!"

"Auf Wiedersehen, Herr Bolle, und vielen Dank. Eine so tolle Party habe ich noch nie

erlebt!" "Ach sagen sie doch das nicht!"
"Doch, das sage ich immer!"

Warum wiegen verheiratete Frauen mehr als
alleinstehende Frauen?

Alleinstehende Frauen kommen nach Hause,
sehen nach, was im Kühlschrank ist und
gehen ins Bett. Verheiratete Frauen kommen
nach Hause, sehen nach, was im Bett ist und
gehen an den Kühlschrank.

Fragt die Ehefrau ihren Gatten: "Was magst
du mehr, meinen wunderschönen Körper
oder meine überragende Intelligenz?"

Er, nach kurzer Überlegung: "Eher deinen
Sinn für Humor."

"Was sind Sie von Beruf?"

"Zauberkünstler."

"Zauberkünstler?"

"Ja, ich zersäge Mädchen."

"Haben Sie auch Geschwister?"

"Ja, zwei Halbschwestern."

Du siehst verdammt gut aus. Hast du abgenommen?

Hast du mich gerade rückwirkend hässlich und fett genannt???

Bei einem Basler Tierarzt läutet das Telefon: "Gleich kommt meine Frau mit unserer Katze zu Ihnen. Bitte geben Sie Ihr eine Spritze, damit sie friedlich einschläft..."

"Gerne," sagt der Tierarzt, "aber findet Ihre Katze alleine nach Hause?"

Was sind gemischte Gefühle?

Wenn deine Schwiegermutter rückwärts mit deinem neuen BWW auf einen steile Klippe zufährt.

"Mein Freund Peter ist gestern unerwartet mit meiner Frau durchgebrannt."

"Wie lange seit ihr schon Freunde?"

"Seit gestern."

"Also, Ihre Katze hat heute meinen Wellensittich gefressen!"

"Gut dass Sie es sagen, dann kriegt sie heute aber auch nichts mehr."

Bekanntgabe im Amtsblatt: „Die, die die, die die Rathauswände beschmiert haben, anzeigen, erhalten 100 Euro Belohnung."

Eine ältere Dame sitzt beim Orthopäden im Wartezimmer, neben ihr sitzt ein Neonazi. Die Dame mustert ihn von oben bis unten, also von der Glatze bis zu den Springerstiefeln. Dann sagt sie zu ihm: "Sie Ärmster, erst die Chemo und nun auch noch die orthopädischen Schuhe!"

In einem polnischen Nest bleibt ein Reisender mit seinem Automobil stecken. Alle Mühe, den Wagen selber zu reparieren, ist vergeblich. Man ruft den jüdischen Dorfklempner. Dieser öffnet die

Motorhaube, blickt hinein, versetzt dem Motor mit einem Hämmerchen einen einzigen Schlag - und der Wagen fährt wieder!

"Macht 20 Zloty", erklärt der Klempner.

Der Reisende: "So teuer?! Wie rechnen Sie das?"

Der Klempner schreibt auf:

Gegeben a Klopp: 1 Zloty; Gewusst wo: 19 Zloty; Zusammen: 20 Zloty

Die Kundin: "Ich brauche Äpfel für meinen Mann, sind diese hier mit einem Gift bespritzt?"

"Nein, das müssen Sie schon selber machen!"

Ich war auf der Autobahn als ich mich entschloss kurz anzuhalten um auf die Toilette zu gehen.

Das Erste war besetzt, also ging ich in das Zweite…..

Kaum sitze ich, sagt eine Stimme aus dem anderen WC: "Hallo, wie geht es dir?"

Bin von Bekanntschaften auf Autobahn-WCs nicht sehr begeistert, aber trotzdem antworte ich: "Na ja, geht so…."

Und der andere: "Und was machst du schönes?"

Was soll denn das? Die Situation scheint mir ein wenig bizarr, aber ich antworte: "Na, das gleiche was du hier machst…."

Da höre ich den Typ irritiert sagen: "Hör mal, ich ruf dich später an, ein Arschloch nebenan antwortet auf all meine Fragen!"

Eine etwas in die Jahre gekommene Frau steht vor dem Zubettgehen nackt vor den Spiegel, lässt ihren Blick am Spiegelbild rauf und runter wandern und meint dann seufzend zu ihrem Mann: "Wenn ich das so sehe fühle ich mich sehr alt. Meine Haut ist schrumpelig und schlapp, meine Brüste hängen beinahe bis zur Hüfte und mein Hintern ist total dick geworden…"

Sie dreht sich zu ihrem Mann um und sagt: "Bitte sag jetzt etwas Positives über mich, damit ich mich ein wenig besser fühle!"

Er überlegt einen Moment und meint dann: "Na wenigstens scheint mit deinen Augen noch alles in Ordnung zu sein."

Lehrerin: "Könnt ihr mich in der letzten Reihe auch hören?"

Antwort: "Ja, stört aber nicht!"

Einige Männer plaudern gelassen in der Sauna als plötzlich ein Handy klingelt…

"Hallo Schatz, ich bin gerade vor einer Boutique. Die haben hier einen Pelzmantel zu einem unglaublichen Preis! Was meinst du, soll ich ihn kaufen?"

Der Mann überlegt kurz: "OK, kauf ihn ruhig!"

"Oh danke, Liebster. Übrigens, auf dem Weg hierher habe ich beim Mercedes-Autohaus das neueste Coupé gesehen. Weißt du, Lederinterieur, metallisierter Lack, voll optional… Nur 150.000 Euro. Ich will ja nicht von deiner Güte profitieren aber was meinst du dazu?"

"Na ja, wenn es so ist, dann kauf es!"

„Liebster, du bist ja so einen Schatz! Das ist der schönste Tag meines Lebens. Ich liebe dich. Bis heute Abend."

"Bis heute Abend, Schatz."

Der Mann legt auf, schaut aufs Handy, lächelt vergnügt, hebt seine Hand, beginnt mit dem Handy rumzuwinken und schreit:

"WEM GEHÖRT DIESES HANDY?"

Gott erwischt Eva, als sie von der verbotenen Frucht isst. Sagt er: "Dafür sollst du bluten." Daraufhin Eva: "Kann ich in monatlichen Raten zahlen?"

"Auf was kauen Sie denn da ständig herum?"

"Auf Apfelkernen."

"Und wozu soll das gut sein?"

"Es fördert die Intelligenz."

"Aha, können Sie mir auch vier Stück geben?"

"Gerne. Vier Stück kosten acht Euro."

Der Fahrgast zahlt und bekommt die Kerne.

Nach einer Weile des Kauens meint er:

"Für acht Euro hätte ich mir aber jede Menge Äpfel kaufen können!"

"Sehen Sie, die Kerne wirken schon!"

Zwei Großmütter gehen in ein chinesisches Restaurant. Als sie die Ess-stäbchen auf dem Tisch sehen, schauen sie sich verwundert an. Fragt die eine:" Soll man sich hier sein Essen selber stricken?"

Oma macht sich fertig, um mit dem Rad wegzufahren.

Fragt Ihr Enkel: "Wohin möchtest du fahren?"

Oma: "Zum Friedhof mein Kind."

Enkel: "Und wer bringt das Fahrrad dann zurück?"

Psychiater: "… und worauf führen Sie ihre Kontaktschwierigkeiten zu anderen Personen zurück?"

Patient: "Aber das sollst du doch herausfinden, du verdammtes Arschloch!"

Was ist ein Cowboy ohne Pferd? Ein Sattelschlepper.

Sitzt ein kleines Mädchen in der Badewanne: "Mami, wo ist denn der Waschlappen?"

Mami: "Der ist nur schnell einkaufen!"

Mami, Mami, ich will aber gar keine Ohrringe!"

"Denkst du etwa, ich bringe den Locher umsonst mit aus dem Büro!?"

Ein Gladbach-Fan geht in eine Kneipe, legt seinen Fan-Schal auf den Tresen und bestellt ein Bier. Erst jetzt bemerkt er, dass er in eine Fan-Kneipe des 1. FC Köln geraten ist. Er will unauffällig wieder verschwinden, steht langsam auf und greift nach seinem Schal. Da packt der Wirt ihn am Arm und sagt: "Moment. Wer hier wieder raus will, muss vorher das Würfelspiel machen."

"Okay, und wie geht das," fragt der Gladbacher eingeschüchtert, während sich mehrere Kölner um ihn versammeln.

Der Wirt erklärt: "Wenn du eine 1, 2, 3, 4 oder 5 würfelst, kriegst du eine aufs Maul."

"Und was passiert, wenn ich eine 6 würfele?"

Der Wirt grinst: "Dann darfst du nochmal würfeln."

Der kleine Niki kann nicht einschlafen. "Soll ich ihn in den Schlaf singen?", überlegt die Mutter.

"Warte lieber noch", beschwichtigt sie der Vater, "versuch`s erst einmal im Guten."

Ein Mann geht zum Arzt und erzählt: "Meine Frau hört nicht mehr so gut. Was soll ich machen?" Der Arzt gibt ihm den Tipp, er solle einen Test machen.

Als der Mann nach Hause kommt, sieht er, dass seine Frau gerade kocht. So geht er drei

Meter hinter sie und fragt: "Schatz, was kochst du Gutes?" Er bekommt keine Antwort, geht zwei Meter hinter sie und fragt nochmals: "Schatz, was kochst du Gutes?" Wieder bekommt er keine Antwort.

Jetzt stellt er sich direkt hinter sie und fragt nochmals. Da dreht sich seine Frau um und schreit: "Zum dritten Mal: Es gibt Bratkartoffeln!"

Ein Bauer stöhnt abends am Stammtisch: "Ich bin ruiniert. Bevor ich zur Kur fuhr, sagte ich zu meinem Knecht, er solle die eine Hälfte der Kartoffeln auf den Markt bringen, und die andere Hälfte einlagern."

"Na und?"

"Der Idiot hat sie alle durchgeschnitten!"

Ein Arzt und ein Türke bauen nebeneinander das gleiche Haus. Eines Tages sagt der Türke zum Arzt "Mein Haus ist mehr wert als deins!" Arzt „Wieso"? Türke

„Ich wohne neben einem Arzt, du neben einem Türken!"

Wie nennt man einen übergewichtigen Vegetarier?

Biotonne!

Die Kuh eines Bauern ist krank. Besorgt fragt er seinen Nachbar: "Was hast du denn damals deiner Kuh gegeben als sie so krank war?"

"Salmiak-Geist."

Gesagt, getan. Nach einer Woche besucht der Bauer seinen Nachbar.

"Meine Kuh ist tot", sagt er.

Darauf der andere: "Meine damals auch."

„2013 kostete ein Sack Kartoffeln 25 Euro und 2018 kostete er 35 Euro."

Aufgabe für Gymnasiasten: „Berechnen Sie die Differenz in Prozent."

Aufgabe für Realschüler: „Berechnen Sie den Unterschied in Euro."

Aufgabe für Hauptschüler: „Unterstreichen Sie das Wort Kartoffeln."

Ein junger Typ sitzt in einer Bar und flirtet mit einer 55-Jährigen. Sie nähern sich, fummeln aneinander rum und küssen sich.

Dann meint Sie : „Hast du schon Mal mit Mutter und Tochter gevögelt?"

Er, leicht geil: „Nein, aber das wäre ein sehr geiles Erlebnis!"

Die Beiden gehen zu Ihr nach Hause. Als die Frau die Tür öffnet ruft Sie: „Mama? Bist du noch wach?"

Thomas, seine Frau und ein bekanntes Ehepaar (Dörte und Harald) spielten am Abend miteinander Karten. Plötzlich fiel Thomas eine Karte herunter. Als er mit seinem Kopf unter die Tischplatte ging, um die Karte wieder aufzuheben, fiel ihm auf, dass Dörte die Beine weit gespreizt hatte und keine Unterwäsche trug.

Er schaute hin, ließ sich aber nichts anmerken. Nach dem Spiel kam Dörte zu ihm und sagte: „Na? Hat dir das gefallen, was du gesehen hast?"

Thomas antwortete: „Oh ja! Und zwar sehr!"

Dörte: „Dann komm doch morgen um 14:00 Uhr zu mir nach Hause! Es kostet aber 500€."

Thomas, völlig erregt, dachte einen Moment nach: „Das ist viel Geld...", willigte aber schnell ein.

Dörte sagte zu Ihm, dass sie sich um 15:00 Uhr treffen können und bis 18:00 Uhr Zeit hätten, dann käme Harald von der Arbeit.

Wie versprochen trafen sich beide um die besagte Uhrzeit und vögelten kräftig miteinander. Im Bett, auf dem Tisch, überall!

Nach dem Thomas gegangen war kam Harald zur Tür hinein und sagte: „War Thomas heute hier?"

Erschrocken sagte Dörte zu ihm: „Ja, er war für ein paar Minuten hier."

Harald: „Und, hat er dir die 500 Euro gegeben?"

Dörtes Herz raste wie verrückt, aber sagte ruhig und mit Pokerface: „Ja, das hat er getan…"

Harald freute sich und sagte: „Gut! heute Morgen kam er nämlich ins Büro und hatte sich das Geld geliehen. Aber dann hat er es ja zurückgezahlt."

Ein 12-jähriges Mädchen bemerkt, dass ihr zwei Haare zwischen den Beinen wachsen.

Voller Sorge rennt sie zu Ihrer Mutter und erzählt ihr von den Haaren.

Mit großer Gelassenheit erklärt die Mutter ihr, dass das zwischen ihren Beinen Affe genannt wird und dieser nun mal Haare bekommt. „Sei froh darüber, dass dein Affe Haare bekommt, Schatz!"

Das kleine Mädchen war beruhigt und erzählte am nächsten Morgen am Frühstückstisch, dass ihr Affe bereits Haare bekommen hat.

Die große Schwester antwortet darauf: „Das ist doch gar nichts! Mein Affe hat schon angefangen Bananen zu essen!"

Die Mutter wurde ohnmächtig.

Mein Arzt hat mir Seeluft verschrieben.

Ich ging also einkaufen und hängte mir einen Hering vor den Ventilator.

Es ist letzter Schultag und Max bekommt sein Zeugnis.

Da sagt der Lehrer zu Ihm: „wenn dein Vater das Zeugnis sieht, bekommt er bestimmt grauer Haare!"

Darauf sagt Max erleichtert: „Ich denke, da wird mein Vater sich freuen. Er hat nämlich eine Glatze."

Ein Mann hat sich einen neuen Rottweiler zugelegt, da kommt ein Herr auf Ihn zu und fragt Ihn:

„Mag der Rottweiler auch kleiner Kinder?"

„Ja, aber ich gebe ihm lieber Hundefutter zu fressen."

Ein kleiner Mann sitzt in einer Kneipe und hat ein großes Bier vor sich stehen.

Da kommt ein Mann in die Gaststätte, klopft dem kleinen Herrn auf die Schulter und trinkt sein Bier aus. Da fängt der kleine Mann an zu weinen.

Erschrocken über die Reaktion fragt der Mann, warum er nur wegen des Bieres jetzt anfangen würde zu weinen.

Da schluchzt der Kleine: „Ich wurde heute auf der Arbeit gefeuert, bin nach Hause gekommen und meine Frau ist mit all meinem Hab und Gut davon gelaufen. Ich entschied mich also, mich umzubringen.

Da wollte ich mich erhängen und das Seil ist gerissen. Ich wollte mich erschießen, keine Patrone da. Ich legte mich also auf die Gleise, doch die waren stillgelegt. Danach wollte ich mir meine Pulsadern aufschneiden, doch das Messer war stumpf.

Und jetzt kippe ich mir Gift ins Bier und du trinkst es aus!"

Arzt: „Ich muss zu Ihrem Bedauern feststellen, dass Sie einen Hoden aus Holz und einen aus Metall haben, Herr Schulze."

„Aber wie kann ich zwei gesunde Kinder gezeugt haben?"

Arzt: „Wie alten sind die Buben denn?"

„Naja, Pinocchio ist fünf und Terminator ist acht."

Hein Hansen aus Friesland kommt mit einer 5 im Religionsunterricht nach Hause. Der Vater ist entrüstet und geht am nächsten Tag in die Schule. Er fragt den Religionslehrer nach dem Grund für die 5.

Lehrer: "Sehen Sie mal, Herr Hansen, ihr Sohn wusste nicht einmal das Jesus gestorben ist."

Vater: "Manno, wir wohnen hier hinterm Deich, ohne Fernseher. Ich wusste nicht mal, dass er krank war!"

Zwei Fledermausmännchen hängen unter einem Dachgiebel. Da sagt die Eine zur Anderen: „Weißt du wovor ich am meisten Angst habe?"

„Nein, weiß ich nicht."

„Im Alter inkontinent zu sein."

Frau Sommer besucht ein ägyptisches Museum. «Sagen Sie», erkundigt sie sich bei einem Aufseher, «wie alt ist denn diese Mumie hier?» - «Fünftausend und 7 Jahre.» - «Wie kann man das so genau wissen?» - «Ich arbeite hier seit 7 Jahren. Als ich anfing, sagte man mir, sie sei fünftausend Jahre alt.»

Reizende alte Dame bei Ihrer ersten Seereise.

Steward: „Sind sie zufrieden?"

Alte Dame: „Es ist alles wunderbar." erklärt sie begeistert und zeigt auf das Bullauge. „Vor allem der Wandschrank, was da alles reingeht!"

Ein Sachse betritt einen Dessousladen. "Guhdn Daach, isch hädde gärne een BH for de Edith." - "Dudd mer leid, mir ham nur BHs for zwee Diddn!"

Sie:

"Warum laufen Sie eigentlich die ganze Zeit hinter mir her?"

Er:

"Jetzt wo Sie sich umdrehen frage ich mich das auch."

"Mensch, du bist ja heute so gut gelaunt."

"Ja, ich habe für meine Frau endlich ein Reitpferd bekommen."

"Das freut mich für dich, das war wirklich ein guter Tausch!"

Mann:

"Es ist doch immer wieder erstaunlich, dass die hübschesten Mädchen die größten Idioten heiraten."

Frau:

"Liebling. Das ist das schönste Kompliment seit Jahren."

Karl ist zu Besuch bei seinem Freund Willi und dessen Frau.

Während des ganzen Abendessens spricht Willi seine Frau nur mit 'Schatzi', 'Mäuseschwänzchen', 'Engelchen' usw. an.

Nach dem Essen, als die beiden mal eine kurze Zeit alleine sind, sagt Karl seinen Kumpel an:

"Mann, das finde ich wohl toll, dass Du Deine Frau nach all den Ehejahren noch immer mit solchen Bezeichnungen ansprichst, wie ein jung Verliebter."

Darauf wiegt Willi mit dem Kopf hin und her und meint dann:

"Nun, um der Wahrheit die Ehre zu geben, ist es tatsächlich etwas anders: Ich habe vor drei Jahren ihren Namen vergessen…"

"Hallo, Hugo, stell dir vor, ich werde Vater."

"Und warum machst du so ein trauriges Gesicht?"

"Na ja, ich muss es noch meiner Frau erzählen."

In einer Hafenkneipe sitzt ein typischer Pirat an der Theke: Augenklappe, Holzbein, Haken als Hand.

Ein Tourist fragt ihn:

"Wo haben Sie denn das Bein verloren?"

"Das hat man mir bei einem Kampf vor Trinidad weggeschossen."

"Und was war mit Ihrer Hand?"

"Ein Säbelhieb, als wir eine Fregatte geentert haben."

"Und das Auge ?"

"Da hat mir eine Möwe reingeschissen."

"Aber dadurch verliert man doch kein

Auge ?"

"Doch – da hatte ich den Haken gerade erst zwei Tage."

Peter: „Super Kevin!" Kevin: „Danke!"

Peter: „Kevin SUPER!"

Kevin: „Ja, danke. :)"

Peter: „Das ist Diesel, verdammt Kevin, du sollst Super nehmen!"

Was haben Bungee-Jumping und Sex gemeinsam?

– Beides geil bis der Gummi reißt.

Ab hier wird's deftig

Ein Mann hat einen iPod geklaut und nur zwei Schwule haben es gesehen. Er fleht sie an: "Bitte, ich gebe euch 20 Euro, aber ruft nicht die Polizei!"

"Rainer, ruf' die Polizei!"

"Bitte! Ich gebe euch auch 30 Euro, aber ruft nicht die Polizei!"

"Rainer, ruf' die Polizei!"

"Keine Polizei! 50 Euro, mein letztes Angebot!"

"Rainer, ruf' die Polizei!"

"Ach, leckt mich doch am Arsch!"

"Rainer, warte mal kurz, ich glaub, der will verhandeln!"

Arzt: „Sie müssen sofort aufhören zu onanieren! "Patient: „Wieso das denn?"

Arzt: „Weil ich Sie sonst nicht untersuchen kann!"

Lehrerin in der 4. Klasse: "Heute erzähle ich euch, woher die Babys kommen."

Schülerin:

"Dürfen die, die schon gevögelt haben, raus gehen und eine rauchen?"

Kommt ein Schwuler in einen Tattoo Laden und sagt: "Ich will einen Ferrari auf meinen Penis, aber bitte mit Vollnarkose!" Danach wacht er auf und fragt, wieso er noch 2 Traktoren auf den Eiern hat. Da sagte der Tätowierer: "Ja wenn der Ferrari mal in der Scheiße steckt, dann können ihn die Traktoren wieder rausholen!"

Tankt eine Blondine an einer Tankstelle ihr Auto, geht zum Tankwart, zieht im die Hose runter und bläst ihm einen. Danach will sie gerade wieder gehen, da meint der Tankwart: "Hey, das war ja alles gut und schön, aber Sie müssen ihr Benzin noch bezahlen!" Meint die Blondine: "Wieso? Auf der Tanksäule

steht doch groß dran BLASEN-FREI-
TANKEN!"

Geht die Mutter in den Garten. Sie sucht
nach Ihrem Sohn und der Tochter .Hinter
einem Gebüsch hört Sie es rascheln. Sie
entdeckt Ihre Kinder und fragt: "Was macht
Ihr denn da?"

Darauf der Sohn gelassen : "Bumsen."

Die Mutter erleichtert : "Und ich dachte
schon Ihr wärt beim Rauchen!"

Zwei Kobras gehen an einem Teller
Spaghetti vorbei. Sagt die eine: "So klein und
schon Gruppensex!"

Tochter zum Vater: „Papa, mein Freund hat
mir etwas gesagt das ich nicht verstehe. Er
meinte ich habe ein tolles Fahrgestell, krasse
Hupen und ein ordentliches Heck." Vater:

„Sag deinem Freund, wenn er deine Motorhaube aufmacht und versucht deinen Ölstand mit seinem Peilstab zu prüfen, werde ich ihm seine Schrauben so stark anziehen, dass ihm die Scheinwerfer ausfallen und sein Auspuff undicht wird!"

Gehen zwei Nutten durch Mainz. Sagt die eine: „Mainz ist ein Drecksloch." Sagt die andere: „Meins auch."

In der Kneipe. Sagt ein Betrunkener zum Sitznachbarn: „Wenn ich's mit deiner Frau treibe, sind wir dann verwandt?" Lallt der andere: „Nein, aber quitt!"

Was ist der perverseste Beruf der Welt? – Postbote! Der rennt von einem Schlitz zum anderen, bis der Sack leer ist.

„Mama, wo kommen eigentlich die Tampons rein?" – „Da wo die Babys herkommen." – „In den Storch?"

Sohn: „Mama, meine Freundin kommt heute." Mutter: „Bezieh bitte unbedingt dein Bett neu!" Sohn: „Hä, wieso?" Mutter: „Ich will nicht, dass sie allein vom Hinsetzen schwanger wird!"

„Mami, Mami unser Hund fickt!" „Dann sieh nicht hin" „Aber es tut so weh!!"

Bibi Blocksberg ist mit ihren Eltern erstmalig in der Sauna. Da sieht sie die ausgeleierte Mumu ihrer Mutter und fragt: „Wie kannst du so eine ausgeleierte Mumu haben, wo Vatis Schniedel doch so klein ist?" Das macht die Eltern natürlich etwas verlegen, doch schließlich antwortet die Mutter: „Weißt du, kleine Bibi, bevor ich Vati

kennenlernte, hatte ich eine längere
Beziehung mit Benjamin Blümchen."

Meine thailändische Freundin findet einen
kleinen Penis gar nicht so schlimm.
Trotzdem wär mir es lieber, sie hätte keinen.

Kommt eine Frau in die Tierhandlung und
fragt nach einem Papagei. Der Verkäufer
meint: „Wir haben nur diesen einen hier,
aber den haben wir aus einem Bordell. Der
hat Sprüche drauf, da hört man besser weg!
Dafür ist er spottbillig!" Die Frau willigt ein
und nimmt den Papageien mit. Bei ihr zu
Hause holt sie ihn aus dem Karton und der
Vogel plappert sofort los: „Oooh! Neuer
Puff, neue Puffmutter!" Sie setzt ihn in den
Käfig und als die Tochter nach Hause
kommt krächzt der Papagei lauthals: „Oooh!
Neuer Puff, neue Puffmutter und neue
Nutte!" Als schließlich der Vater nach Hause
kommt schreit der Papagei: „Oooh! Guten
Abend Walter !"

Der Sohn kommt heim und erzählt aufgebracht: „Du Mama, wir haben heute in der Schule unseren Lulu-Mann verglichen. Und stell Dir vor: Ich hab den größten von allen!" Darauf die Mutter: „Na klar, mein Sohn. Das muss so sein! Du bist ja auch der Klassenlehrer."

Ein Geschäftsmann sitzt mit einem Gast im Wohnzimmer und ruft seiner Frau zu, sie solle eine Flasche Moselwein bringen. Die Frau zeigt sich an der Tür, fasst sich an den Busen, dann an den Hintern und schließlich zwischen die Beine. Der Mann geht entsetzt mit ihr in die Küche und fragt sie, was das soll. Da antwortet sie: „Ich wollte nur wissen, welchen Wein ich bringen soll, Liebfrauenmilch, Kröver Nacktarsch oder Zeller Schwarze Katz?"

Wie nennt man eine Polizistin, die ihre Tage hat? – Red Bull.

Ein Mann hat sich während eines Asienurlaubs eine Geschlechtskrankheit eingefangen. Der Arzt sagt zu ihm: „Diese Krankheit nennt man Schizinawuzi, da hilft nur amputieren!" Alle Ärzte, zu denen er geht, sagen das gleiche. Deshalb konsultiert er einen chinesischen Arzt. Dieser sagt zu ihm: „Wir Chinesen bei Schizinawuzi niemals abschneiden!" Als der Mann erleichtert tief durchatmet, ergänzt der Chinese: „Bei Schizinawuzi in drei bis vier Wochen von ganz allein fällt ab!"

Petra und Steffi lösen ein Kreuzworträtsel.

Petra: „Weibliches Geschlechtsorgan?"

Steffi: „Senkrecht oder waagrecht?"

Petra: „Waagrecht"

Steffi: „Dann muss es der Mund sein…"

Die Frau kommt spät nach Hause, ihr Mann sieht sich gerade eine Quizsendung im TV an. „Hallo Schatz, kannst du mir einen Satz sagen in dem etwas positives und negatives zugleich vorkommt?". Nach kurzer Überlegung sagt sie: „Ja, Liebling, du hast den Längsten von allen deinen Freunden."

Ein Betrunkener zieht in der Nacht durch die Straße, als ihm plötzlich die Blase drückt. Er pinkelt gegen einen Laternenpfahl. Eine Dame, noch munter, schaut zum Fenster raus und ruft empört: „Also, das ist aber ein starkes Stück!" Darauf der Mann: „Und von der Länger sagst Du gar nix?"

Ein Mann sitzt auf einer Parkbank und öffnet einen Becher Joghurt. Da er keinen Löffel hat, benutzt er beim Essen seine Finger. Ein anderer Mann, der neben ihm sitzt, holt einen Teelöffel aus seiner Hosentasche und bietet ihn als Besteck an. Als der Becher leer ist, gibt er den Löffel dankend zurück. Plötzlich erkennt er, dass aus dem Hosenladen seines Nebenmanns eine Schur heraushängt. Als er nach dem Zweck fragt, antwortet dieser: „Ich mache mir nicht gerne die Finger schmutzig. Wenn ich pinkeln muss, mache ich den Laden auf und ziehe einfach an der Schnur, um ihn herauszuholen." „Aber wie bekommen Sie ihn ohne Hände wieder hinein?", will der erste wissen. Da kommt als Antwort: „Dazu habe ich immer einen Löffel dabei!"

Treffen sich zwei Spermien. Sagt die eine: „Wenn ich zuerst ankomme, werde ich ein Junge." Darauf antwortet das andere: „Pah. Ich bin zuerst da. Und ich werde ein Mädchen!" Plötzlich mischt sich ein Kuchenkrümel ein: „Ihr Deppen werdet gar nix, ihr seid in der Speiseröhre!"

Opa muss an der Leiste operiert werden. Deswegen muss ihn die Krankenschwester vor der Operation unten herum rasieren. Sie hält seinen Schnippeldillerich schön hoch und rasiert außenherum. Nach einer Weile meint Opa: „Schwester, jetzt kannste loslassen. Jetzt hält er von alleine."

Eine 16-jährige schreibt: Liebes Dr. Sommer-Team! Gestern, meine Eltern waren nicht zu Hause, klingelte es an der Tür. Ich öffnete, es standen zwei Herren da und fragten, ob Mutti und Vati zu Hause seien. Als ich verneinte, drangen sie in die Wohnung ein und zwangen mich, mit ihnen zu schlafen. Als alles vorbei war flüchteten sie, ohne ihre Identität zu verraten. Nun meine Frage: Was wollten Sie von meinen Eltern?

Immer wenn Oma Hilde im Altenheim Langeweile hat, macht sie sich einen Spaß daraus, mit dem Rollstuhl so schnell wie möglich über die Gänge zu flitzen. Als sie gerade mit Vollgas über den Flur rast, steht plötzlich die demente Elfriede vor ihr: „Haben Sie Ihren Führerschein dabei?" Oma

Hilde kramt ein verknittertes Bonbonpapier aus ihrer Tasche und zeigt es ihr. „Alles klar. Sie können weiterfahren." Oma Hilde nimmt wieder Fahrt auf. Da steht auf einmal die fast blinde Agnes vor ihr: „Die Fahrzeugpapiere bitte." Oma Hilde zieht ein altes Taschentuch aus ihrer Hosentasche. „Alles klar. Gute Weiterfahrt." Jetzt gibt sie alles, um die verlorene Zeit wieder aufzuholen, als plötzlich der bescheuerte Günther mit einer Mega-Erektion vor ihr steht. Oma Hilde stöhnt: „Och nee, nicht schon wieder ein Alkoholtest!"

Christina kommt aus dem FKK-Urlaub zurück. Kurz darauf ist klar, das junge Mädchen ist schwanger! „Spinnst du? Du bist erst 16! Von wem hast du das Kind?" schreit der Vater. Sie druckst herum: „Vermutlich von Nick!" „Was heißt hier vermutlich?" – „Nun, Papi, ganz sicher bin ich nicht. Aber Nick ist der einzige, der beim Bockspringen am Strand nie über mich rübergekommen ist!"

Ein Schwuler, ein Alkoholiker und ein Raucher wollen aufhören schwul, alkoholabhängig und nikotinsüchtig zu sein. Da kommt eine gute Fee und sagt: „Wenn jeder nur einmal noch seiner verhassten Versuchung widerstehen kann, wird ihm sein Wunsch erfüllt werden. Gelingt das nicht, fällt derjenige sofort tot um." Prompt lässt sie eine Flasche Wodka erscheinen. Der Alkoholiker kann nicht an sich halten, schnappt die Flasche trinkt… und fällt tot zu Boden. Plötzlich fällt aus dem Nichts eine halb geöffnete Zigarettenschachtel zu Boden, voll mit nach Tabak riechenden Glimmstängeln. Der Raucher zuckt, als der Schwule warnend meint: „Wenn Du Dich jetzt bückst, mein Lieber, sind wir beide tot!"

Die kleine Enkelin beobachtet, wie ihre Großmutter im Bad ein Deo benutzt. Sie sagt: „Oma, denke doch an das Ozonloch!" Da antwortet die Großmutter: „Dafür nehme ich einen Waschlappen!"

Fragt der neue Direktor den alten: „Was ist von der Sekretärin zu halten?!" – „Als Fachkraft ist sie eine Pflaume, aber als Pflaume – eine Fachkraft!"

Ein Mann rammt aus Versehen in einem Hotel einer Dame seinen Ellbogen in die Brust. Er entschuldigt sich: „Verzeihen Sie meine Dame, aber ich hoffe, dass Ihr Herz so weich ist, wie Ihr Busen und verzeihen mir dieses Missgeschick?" Darauf die Dame: „Wenn Ihr bestes Stück so hart ist wie Ihr Ellbogen? Ich habe Zimmer 419!"

Ein Franzose riecht jeden Morgen am Arbeitsplatz an seinem Zeigefinger und flüstert: „Angelique!" Ein Russe schaut sich das einige Tage lang an. Doch eines Morgens stellt er sich vor den Franzosen, zieht seinen Unterarm vom Ellenbogen bis zu den Fingerspitzen an der Nase vorbei und sagt laut: „Olga!"

Eine Frau schreibt an das Sozialamt: „Wir brauchen unbedingt eine größere Wohnung, weil die alte viel zu klein ist. Immer wenn mein Mann eine Erektion bekommt, müssen wir ein Fenster öffnen!"

Als sich der neue Freund im Bett auszieht, fragt die Freundin verunsichert: „Auf deinem Ding ist ja das Wort Ruhmbralotte eintätowiert! Was um Himmels Willen hat das zu bedeuten?" Da antwortet der Mann: „Warte kurz! Ich hab da einen Spruch aus meiner Marinezeit drauf." Kurze Zeit später liest sie nochmal. Ruhm und Ehre der Brasilianischen Flotte.

Der Schulrat inspiziert den Englisch-Unterricht. Er setzt sich in die letzte Reihe hinter Hans. Die junge Lehrerin schreibt einen Satz an die Tafel. „Wer kann mir das übersetzen?" Nach einer kurzen Pause meldet sich Hans: „Die würde ich auch mal tierisch gerne bumsen." Die Lehrerin wird

knallrot und weist den Schüler zurecht.
„Entschuldigung," meint Hans verlegen,
„das hat mir der Schulrat falsch vorgesagt."

Bei der Vorbereitung des Oktoberfests in
München fragt ein Mitglied des
Festkomitees: „Wo nehmen wir in diesem
Jahr die Festdamen her?" Da antwortet ein
anderer Mitarbeiter: „Na wie immer, hinter
dem Festzelt!"

Auf einem Bahnhof kommt eine junge
attraktive Frau an den Schalter und verlangt
den Chef. Sie zwinkert dem Angestellten
verführerisch zu, der natürlich seine Chance
sofort ergreift und entgegnet, dass der Chef
nicht da sei. Daraufhin streichelt die Dame
dem Angestellten zärtlich durchs Gesicht
und gleitet ihm mit den Fingern über seine
Lippen. „Könnten sie ihm etwas von mir
ausrichten?" Der Mann beginnt die Finger
der Dame zu lutschen und antwortet ihr,

dass er das gerne machen wolle. Was er ihm denn ausrichten soll, will er wissen. Da entgegnet die Dame: „Auf der Damentoilette gibt's weder Seife noch Toilettenpapier!"

„Mein Sohn Max, der in der Amerika studiert, muss vom Sex besessen sein", erzählt Frau Müller ihrer Nachbarin. „Aber wie kommen Sie denn darauf?" – „Naja, er schrieb mir vor kurzem, er hätte sich ganze zwei Wochen in Carolina aufgehalten!"

Sagt sie zu ihrem neuen Bekannten: „Ich weiß gar nicht, was meine Freundinnen an dir so faszinierend finden." Er lächelt nur und leckt sich ganz langsam mit der Zunge über die Augenbrauen.

Es fragt die Kollegin: „Warst du heute schon beim Chef drin?" – „Nein, aber er bei mir!"

Ein altes Paar liegt im Bett, da meint er: „Schatz, lass es uns nochmal so richtig machen!" Darauf sie: „Von mir aus, aber nur mit Gummi!" Er ganz überrascht: „Du kannst doch aber in Deinem Alter nicht mehr schwanger werden! Oder hast Du etwa Angst vor Aids?" Sie: „Nein, aber vor Salmonellen – bei den alten Eiern!"

Was ist der Unterschied zwischen Skispringern und Skispringerinnen? – Skispringer kommen aus Hinterzarten und Skispringerinnen haben einen zarten Hintern.

Ali ist krank, ruft daher morgens seinen Chef an und sagt: „Scheffe! Ali nix könne komme Arbeit heute. Ali alles tut weh… Kopf tut Ali weh… Hals tut weh… Beine tut weh! Isch nix komme heute, Scheffe." Meint der Chef: „Tja Ali, das ist natürlich blöd. Grad' heute brauch ich Dich ganz dringend! Weißt Du was ich immer mache, wenn ich krank bin?

Ich gehe zu meiner Frau, die besorgt's mir dann und schon geht's mir wieder gut. Versuch das mal." Darauf Ali: „Gut Scheffe, ische versuchen das. Ische wieder anrufen." Zwei Stunden später ruft Ali wieder an: „Du Scheffe, hast Du mir gegeben gute Tipp! Isch wieder ganz gesund! Nix Kopfweh… nix Halsweh… ische gleich komme. Übrigens, Scheffe… Du haben schöne Wohnung!"

Ein Vater hat drei Töchter und einen Sohn. Alle vier sind erwachsen. Beim gemeinsamen Abendessen sagt die älteste Tochter: „Papa, ich bin lesbisch!" Der Vater hält inne, meint aber gütig: „Ist in Ordnung, mein Schatz." Da meldet sich auch die zweitälteste Tochter zu Wort: „Papa, ich bin lesbisch!" Der Vater schluckt und zügelt sich schließlich: „Ist in Ordnung, mein Schatz." Nun sagt auch die jüngste Tochter: „Papa, ich bin lesbisch." Der Vater kann nicht mehr an sich halten: „Ja, Herrgott nochmal! Steht denn niemand hier auf Kerle?!" Darauf der Sohn: „Doch, ich."

Ein Mann sagt zu seinem Freund: „Du bist schon 30, wann heiratest du endlich?" „Warum soll ich heiraten?", erwidert dieser, „Ich wohne doch bei zwei Schwestern." – „Aber das ist doch kein Ersatz für eine Frau!" – „Warum nicht? Es sind doch nicht meine Schwestern!"

Zwei kleine Jungen unterhalten sich: „Was wünschst du dir zum Geburtstag?" – „Tampons!" – „Was ist denn das?" – „Das weiß ich auch nicht genau. Aber ich habe gelesen, mit denen kann man Fußball spielen, mit denen kann man Rad fahren, mit denen kann man schwimmen, mit denen kann man einfach alles!"

Mama fährt nachts mit ihrer kleinen Tochter im Taxi nach Hause. Nach einigen Minuten fahren sie die Rotlichtmeile entlang. Die Tochter sieht die Prostituierten rumlungern und fragt: „Mama was machen die da?" Mama antwortet: „Ach weißt du Kind… die passen auf, dass niemand die Autos klaut." Darauf der Taxilenker: „Kleine, lass dir keinen Müll erzählen. Das sind Huren!" Die Mutter versinkt auf der Rückbank und würde den Fahrer am liebsten erschießen. Wenige Minuten später: „Mama, können Huren auch Kinder bekommen?" Hämisch grinsend guckt die Mutter dem Taxifahrer durch den Rückspiegel fest in die Augen und antwortet: „Klar mein Schatz, was denkst du wo sonst die vielen Taxifahrer her kommen."

Die Oma geht mit Fritzchen durch die Fußgängerzone, als sie an einem Sexshop vorbeikommen. Auf einem Schild liest Fritzchen laut vor: „Sexy Girls". Die Oma schiebt ihn verdattert weiter: „Das heißt auf Deutsch ‚Guten Tag'". Schließlich kommen

Sie an einem Kleidungsgeschäft vorbei, das in großen Lettern wirbt: „Neue Stringtangas eingetroffen!" – „Was sind Stringtangas?" will Fritzchen wissen. „Ähm, das sind Mäntel." antwortet die Oma verlegen. Auf dem Heimweg kommen Sie an einem Bordell vorbei, auf dem unverhohlen geworben wird: „Poppen bis es qualmt!" Bevor Fritzchen überhaupt etwas sagen kann, lügt Oma aus Verlegenheit: „Poppen ist wie Kochen!"

Am Abend erwartet die Oma sehr vornehme Freunde zum Essen und als es klingelt schickt sie Fritzchen zur Tür, weil sie noch in der Küche die letzten Vorbereitungen trifft. Fritzchen öffnet die Tür: „Oh, sexy Girls! Kommen Sie doch herein und legen sie die Stringtangas ab. Oma ist noch in der Küche beim Poppen."

Eine ältere Dame steht an der Reling des Kreuzfahrtschiffes und hält ihren Hut fest, damit er nicht vom Wind weggeweht wird. Ein Gentleman nähert sich ihr und sagte: „Verzeihen Sie mir, gnädige Frau, ich habe nicht die Absicht, Sie zu belästigen, aber wussten Sie, dass Ihr Kleid vom Wind nach oben weht?" „Ja, ich weiß", sagte die Dame. „Ich brauche meine beiden Hände, um diesen Hut zu halten." „Aber gnädige Frau, Sie müssen wissen, dass Sie darunter kein Höschen tragen und man Ihre Intimsphäre sehen kann", sagte der Herr. Die Frau sieht nach unten, überlegt kurz und antwortet schließlich: „Sir, das alles, was Sie dort unten sehen, ist 75 Jahre alt. Aber den Hut habe ich erst gestern gekauft!"

Eine Frau geht zum Arzt. „Herr Doktor, ich habe immer so eiskalte Oberschenkel!" „Na, liebe Frau, das ist doch nicht so schlimm. Stört es sie denn so sehr?" „Naja, mich nicht so, aber mein Mann hatte jetzt schon dreimal eine Mittelohrentzündung."

Der berühmte Gynäkologe geht in einem Urlaubsort spazieren. Eine hübsche Frau begegnet ihm und grüßt freundlich. Er nickt höflich zurück. Am zweiten Tag begegnet er ihr wieder, sie grüßt wieder lächelnd und er nickt zurück. Am dritten Tag geht die Frau auf ihn zu und meint: „Herr Doktor, erkennen Sie mich denn nicht wieder? Ich war doch jahrelang Ihre Patientin!" „Oh, entschuldigen Sie bitte", meint der Mediziner. „Von außen habe ich Sie gar nicht wieder erkannt!"

Der Lehrer fragt in der Schule: „Welche Währungen kennt ihr denn so?" „Cents." – „Richtig." „Euros." – „Richtig." Die kleine Lisa sagt: „Mal." „Wie bitte, ‚Mal'? Was soll denn das sein?" „Meine Mami wurde von einer Freundin gefragt, was ihr neuer Pelzmantel gekostet hat und da hat sie ihr zugeflüstert: ‚Fünf Mal!'"

Textilfreier Badetag im Hallenbad: Zwei Frauen beschweren sich beim Bademeister, dass sie soeben im Wasser „unsittlich" berührt wurden. In diesem Moment taucht ein Mann mit Glatze aus dem Wasser auf und sagt: „Herr Bademeister, bitte helfen Sie mir! Ich bin ohne Brille fast blind. Ich habe mein Toupet verloren – zwei Mal hätte ich es fast gehabt."

Schon den ganzen Abend löchert ein Gast die kesse Kellnerin vergebens – kein Rendezvous. Schließlich unternimmt er einen letzten, verzweifelten Versuch: „Sie sind das aufregendste Mädchen, das mir je begegnet ist. Ich hätte gern ein persönliches Souvenir von Ihnen." „Wenn's weiter nichts ist", sagt die junge Kellnerin und verschwindet in der Küche, um kurz darauf mit einer Papiertüte und einer Rolle Tesafilm zurückzukehren. Sie baut sich vor dem aufdringlichen Gast auf, pustet in die Tüte und klebt sie mit Tesafilm zu. „So, jetzt haben Sie was ganz persönliches – ich habe Ihnen einen geblasen, und zwar zum Mitnehmen!"

Die kleine Lena verbrachte die Ferien auf einem Ponyhof. Wieder zuhause fragt sie ihre Mutter: „Du Mutti, wie wir zusammen leben ist doch genauso wie bei den Tieren, oder?" „Ja, das könnte man so sagen." „Dann bin ich demnach das Fohlen?" „Ja, das könnte man so sagen." „Und du bist die Stute?" „Ja, das könnte man so sagen." „Und Papa wäre der Hengst?" „Nein, Papa ist der Esel. Der Hengst wohnt am Ende der Straße!"

Mädchen die die Wimpern pinseln, meistens auch beim pimpern winseln.

Ein Typ steht in der Schlange im Supermarkt, als ihm eine scharfe Blondine etwas weiter hinten, freundlich zuwinkt und anlächelt. Er kann sein Glück nicht fassen und fragt sie: „Kennen wir uns?" Sie erwidert: „Ich bin mir nicht sicher, aber ich denke Sie müssten der Vater eines meiner Kinder sein!" Er kriegt Schweißausbrüche und sagt: „Um Gottes Willen, bist Du diese Stripperin, die ich an meinem Junggesellenabschied auf dem Billardtisch vor meinen Kumpels rangenommen habe, während mir Deine Kollegin eine Gurke in den Hintern schob?" – „Nein" erwidert sie kalt, „ich bin die Klassenlehrerin Ihres Sohnes."

Lassen sich zwei Männer am Strand einbuddeln und dabei ihr bestes Stück unbedeckt. Kommen zwei Frauen vorbei: „Schau mal, zu Hause heiratest Du wegen den Dingern und hier wachsen sie wild."

Fährt eine Kutsche mit mehreren Ehepaaren durch den Wald. Plötzlich wird die Kutsche von Dieben überfallen.

Ruft der Dieb: „Alle aussteigen!" Fragt ein alter Herr: „Meine arme, alte Frau auch?" – „Schnauze", sagt der Dieb, „ich hab doch gesagt alle!" – „So jetzt alle Frauen auf die linke Seite, alle Männer auf die rechte Seite!" Und der Opa wieder: „Meine arme, alte Frau auch?" – „Schnauze", sagt der Dieb, „ich hab doch gesagt alle!" – „So jetzt werden alle Frauen gevögelt" Opa: „Meine arme, alte Frau auch?" – „Schnauze", sagt die Oma, „er hat doch gesagt alle!"

Was ist der Unterschied zwischen Spülmittel und Vaseline? – Das eine spaltet die Fette, das andere fettet die Spalte.

„Mutti, ich habe gesehen, was Papa mit der Nachbarin gemacht hat. Zuerst hat er sie ausgezogen, dann hat sie seine Hose aufgemacht, dann hat er sie geküsst und dann…" – „Ich hab jetzt keine Zeit", unterbricht sie ihn, „das kannst du nachher alles auf Papas Geburtstagsfeier erzählen." Als die Gäste versammelt sind, legt Max los: „Papa war vorhin bei der Nachbarin. Zuerst hat er sie ausgezogen, dann hat sie seine Hose aufgemacht, dann hat er sie geküsst und dann … äh, Mutti, wie heißt das Ding, das du immer in den Mund nimmst, wenn Onkel Erwin zu Besuch kommt?"

Ein Macho kommt in die Hölle und fragt gleich nach seiner Aufgabe hier unten. Erster Vorschlag war, das Fegefeuer in Gang zu halten – abgelehnt! Sein zweiter Vorschlag war, dem Hausherrn jeden Tag für alle Wünsche zur Verfügung zu stehen – abgelehnt! Da sah der Macho seinen Freund, den Obermacho, in Ketten an der Wand befestigt. Vor ihm kniend eine mega-schöne Blondine beim oralen Sex. Der Macho fragt: „Wie lange geht das denn so?" Darauf die Antwort: „Na, so ca. 1000 Jahre." Macho sofort: „Das nehme ich!" Worauf der Teufel der Blondine auf die Schulter tippt und sagt: „Kannst aufhören, die Ablösung ist da!"

Nachdem der junge Mann seine Angebetete nachts ordentlich ran genommen hat, bemerkt er auf dem Nachttisch das Foto eines anderen Mannes. „Wer ist das denn?" fragt er sichtlich nervös. „Ist das Dein Mann?" „Nein, natürlich nicht, du Dummerchen!" „Vielleicht Dein Freund?" „Aber nein, Du bist doch mein Freund" Es lässt ihm keine Ruhe: „Oder Dein Papa, oder Dein Bruder?" „Nein auch nicht, entspann Dich." „Aber wer zum Geier ist es dann?" „Das bin ich vor der Operation!"

Olaf hat seit Wochen auf die 16-jährige Mandy hin gearbeitet, bis er sie endlich auf seiner Bude hat. Er zieht die Hose aus und fragt sie: „Weißt du was das ist?" „Ja, das ist ein Pipimann." „Hör zu Mandy, ab sofort wollen wir das einen Schwanz nennen. Also, was ist das?" „Hör mal Olaf, ich habe schon viele Schwänze gesehen, aber das ist ein Pipimann."

Ein Mann besucht ein Bordell und sieht sich verlegen um. Die Puffmutter fragt ihn: „Haben Sie ein Problem, junger Mann?" Der Typ erwidert: „Ja – ich hab einen wie ein Säugling." Die Puffmutter betraut die jüngste Nutte damit, sich dem Kunden anzunehmen, um dem Freier die Sache nicht zu peinlich zu machen. Die beiden verschwinden im Zimmer. Nach einer halben Stunde verlässt der Freier zufrieden den Raum, die Prostituierte kriecht erledigt aus dem Zimmer. Erkundigt sich die Puffmutter: „Was ist denn mit dir los, ich hab' gedacht, der hätte einen wie ein Säugling?“ Ächzt das leichte Mädel : "Ja, hat er ja auch! 50 Zentimeter lang und sechs Pfund schwer!“

Er: „Liebling, siehst du all die vielen, schönen Sterne am Himmel?“ Sie verträumt: „Ja, Schatz!“ Er: „Holst du mir ein runter?“

Er: „Hätte ich gewusst, dass du noch Jungfrau bist, dann hätte ich mir mehr Zeit genommen!“ Sie: „Hätte ich gewusst, dass du mehr Zeit hast, dann hätte ich meine Strumpfhose ausgezogen!“

Kontaktanzeige: Suche Mann mit Pferdeschwanz – Frisur egal!

Frau zur Freundin: „Schau mal, da kommt mein Mann mit 'nem Strauß Blumen. Da muss ich heute Abend wohl wieder die Beine breitmachen." Darauf die Freundin: „Warum, habt ihr denn keine Vase?"

Treffen sich zwei Männer. Beide haben über zehn Ehejahre auf dem Buckel. Fragt der eine: „Du, hast Du auch so wenig Sex wie ich?" Antwortet der andere: „Hör mir auf! Wenn meine Frau nicht mit offenem Mund schlafen würde, hätte ich überhaupt keinen Sex mehr."

Zwei Bauern fahren zum Tanken. An der Tankstelle hängt ein Zettel mit der Aufschrift: ‚Großes Gewinnspiel! Kostenloser Sex zu gewinnen!' Die beiden gehen zum Bezahlen und fragen was man tun muss, um zu gewinnen. „Ganz einfach", sagt der Tankwart. „Ich denke mir eine Zahl zwischen 1 und 10 und wenn sie diese erraten, dann haben sie gewonnen." „Fünf", rät der eine Bauer. „Tut mir leid, es war die Vier. Sie haben leider nichts gewonnen." Einige Tage später versucht es der andere Bauer auch, aber verliert ebenfalls. Daraufhin meint er zu dem ersten: „Weißt du, ich glaube irgendwie ist was faul an dem Spiel!" „Das glaube ich nicht", meint der erste, „meine Frau hat nämlich letzte Woche schon zwei Mal gewonnen."

Zwei Männer gehen am Strand entlang. Sagt der eine zu dem anderen: „Hey Du, siehst Du die Stelle dort drüben auf der Weide? Da hatte ich zum ersten Mal Sex in meinem Leben." Der andere: „Wirklich?" – „Ja, und die Mutter hat sogar zugeschaut." – „Echt, und was hat sie gesagt?" – „Mäh."

Ein Bauernhof im Berner Oberland. Ein deutscher Tourist kommt auf den Bauernhof und möchte vom Bauern für einen stolzen Preis 200 kg Pferdehaare kaufen (Decke aus

Pferdehaar soll ja sehr gesund sein!). Der Bauer überlegt nicht lange und geht auf den Handel ein. Alle Rösser werden geschoren und ihr Haar gewogen. 199,9 kg. 100 Gramm fehlen noch. Der Bauer, nicht dumm, denkt an seinen Großvater, der einen langen Bart und fülliges Haupthaar hat. Dieser wird, ohne gefragt zu werden, sofort geschoren. Der Handel ist perfekt, die 200 kg sind vollständig, der Bauer bekommt sein Geld. Am nächsten Tag kommt der Bauer von der täglichen Arbeit auf den Hof zurück und findet den Großvater verstört auf einem Baum sitzen. Der Bauer: „Großvater was machst du da oben, willst Du nicht runter kommen?" Der Großvater: „Nein, der Deutsche ist wieder da. Heute möchte er 50 Eier, wir haben aber nur 48."

Ein Mann und eine Frau liegen abends im Bett. Fragt der Mann seine Bettnachbarin, ob sie noch Lust auf ein „kleines Nümmerchen" hätte. Die Frau gibt eine klar verständliche Absage mit dem Argument, sie hätte morgens früh einen Termin beim Gynäkologen und sie wolle aus Zeitgründen nicht unbedingt frühmorgens noch duschen!! Der Mann versteht und denkt nach. Es vergeht eine Weile und der Mann wird wieder aktiv mit der Frage: „Mein Schatz, aber einen Zahnarzt-Termin steht morgens nicht an, oder?"

In der U-bahn sitzt ein alter Mann einem Punker gegenüber, der einen richtig schönen Irokesenschnitt hat. Nach einer Weile fragt der Punker den immer noch guckenden alten Mann: „Na, Opa. Was ist? Gefall ich Dir?" Erwidert der alte Mann: „Ich weiß nicht recht. Früher habe ich mal Hühner gebumst und jetzt überlege ich, ob Du mein Sohn sein könntest."

Im Paradies. Der liebe Gott fragt Adam: „Adam, wo ist denn Eva?" – „Eva badet im Fluss!" – „Mensch Adam – wie soll ich denn jemals den Geruch wieder aus den Fischen herausbringen?"

Wie führt sich ein Elefant einen Tampon ein? – Er setzt sich auf ein Schaf.

Mama und Tina unter der Dusche: „Mama, was hast du denn da?" – Das ist die Vagina, Tina!" – „Ach, Mama, das habe ich doch auch!" – „Nein, Tina, du hast ein Vaginchen!" – „Ach ja, jetzt verstehe ich! Dann hat Oma einen Waggon!"

Frau beim Arzt: „Herr Doktor, ich glaube ich habe Hämorrhoiden!" – „Dann schauen wir doch mal. Lassen Sie bitte das Höschen runter und beugen sie sich nach vorne. – Jaaa, so!" – „Oh, Herr Doktor, das ist aber nicht mein After!" – „Ja, ich weiß, das ist ja auch nicht mein Finger!"

Steht Fritzchen im Spielwarenladen ganz fasziniert vor einem hohen Regal mit Teddybären. Kommt die Verkäuferin und fragt Fritzchen: „Soll ich Dir einen runterholen?" Fritzchen überlegt kurz: „Okay. Aber danach hätte ich gerne so einen Teddybären."

Es war einmal ein junger Mann, der in die Stadt ging, um ein Geburtstagsgeschenk für seine neue Freundin zu erwerben. Da die beiden noch nicht sehr lange zusammen waren, beschloss er – nach reiflicher Überlegung – ihr ein paar Handschuhe zu kaufen, ein romantisches, aber doch nicht zu persönliches Geschenk. In Begleitung der jüngeren Schwester seiner Freundin ging er zu Marks Spencer und erstand ein paar weiße Handschuhe. Die Schwester kaufte ein Unterhöschen für sich. Beim Einpacken vertauschte die Verkäuferin aus Versehen die Sachen; so bekam die Schwester die Handschuhe eingepackt und der junge Mann bekam unwissend das Paket mit dem Höschen, das er auf dem Rückweg zur Post brachte und mit einem kleinen Briefchen an seine Liebste verschickte: „Mein Schatz, ich habe mich für dieses Geschenk entschieden, da ich festgestellt habe, dass Du keine trägst, wenn wir abends zusammen ausgehen. Wenn es nach mir gegangen wäre, hätte ich mich für die langen mit den Knöpfen entschieden, aber Deine Schwester meinte, die kurzen wären besser. Sie trägt sie auch und man kriegt sie leichter aus. Ich weiß, dass das eine empfindliche Farbe ist, aber die Dame, bei der ich sie gekauft habe, zeigte mir ihre, die sie nun schon seit drei Wochen trägt, und sie waren überhaupt nicht schmutzig. Ich bat sie, Deine für mich anzuprobieren und sie sah echt klasse darin aus. Ich wünschte, ich könnte sie Dir beim ersten Mal anziehen, aber ich denke, bis wir uns wiedersehen, werden sie mit einer Menge anderer Hände in Berührung gekommen sein. Wenn Du sie ausziehst, vergiss nicht, kurz hineinzublasen, bevor Du sie weglegst, da sie wahrscheinlich ein bisschen feucht vom Tragen sein werden. Denk immer daran, wie oft ich sie in Deinem kommenden Lebensjahr küssen werde. Ich hoffe, Du wirst sie Freitagabend für mich tragen. In Liebe PS: Der letzte Schrei ist, sie etwas hochgekrempelt zu tragen, so dass der Pelz rausguckt."

Ein Ehepaar erwartet Nachwuchs und erkundigt sich beim Arzt, wie es mit dem Sex während der Schwangerschaft aussieht. Der Arzt erklärt: „Im ersten Drittel können sie es ganz normal angehen, im zweiten Drittel sollten sie zur Hundestellung übergehen und im letzten Drittel dann nur noch die Wolfsstellung tätigen." Der Mann irritiert: „Die Wolfsstellung? Wie geht die denn?" Darauf der Arzt: „Ja, sie legen sich vor das Loch und heulen."